Jochen Till

MONSTERSTARKE GESCHICHTEN

Mit Bildern von Zapf

Ravensburger

Bibliografische Information der Deutschen Nationalbibliothek:

Die Deutsche Nationalbibliothek verzeichnet diese Publikation
in der Deutschen Nationalbibliografie.
Detaillierte bibliografische Daten sind im Internet
über http://dnb.d-nb.de abrufbar.

1 3 5 4 2

Diese Ausgabe enthält die Bände
„Rotzschleimtorte für alle!" und
„Ein halbes Nilpferd, bitte!"
aus der Reihe „Einfach Ungeheuerlich"
von Jochen Till mit Illustrationen von Zapf
© 2015

Jochen Till und Zapf werden vertreten von Agentur Brauer

© 2020 für diese Sonderausgabe
Ravensburger Verlag GmbH
Postfach 24 60, 88194 Ravensburg
Umschlagbild: Zapf
Printed in Germany
ISBN 978-3-473-36584-5

www.ravensburger.de

Inhalt

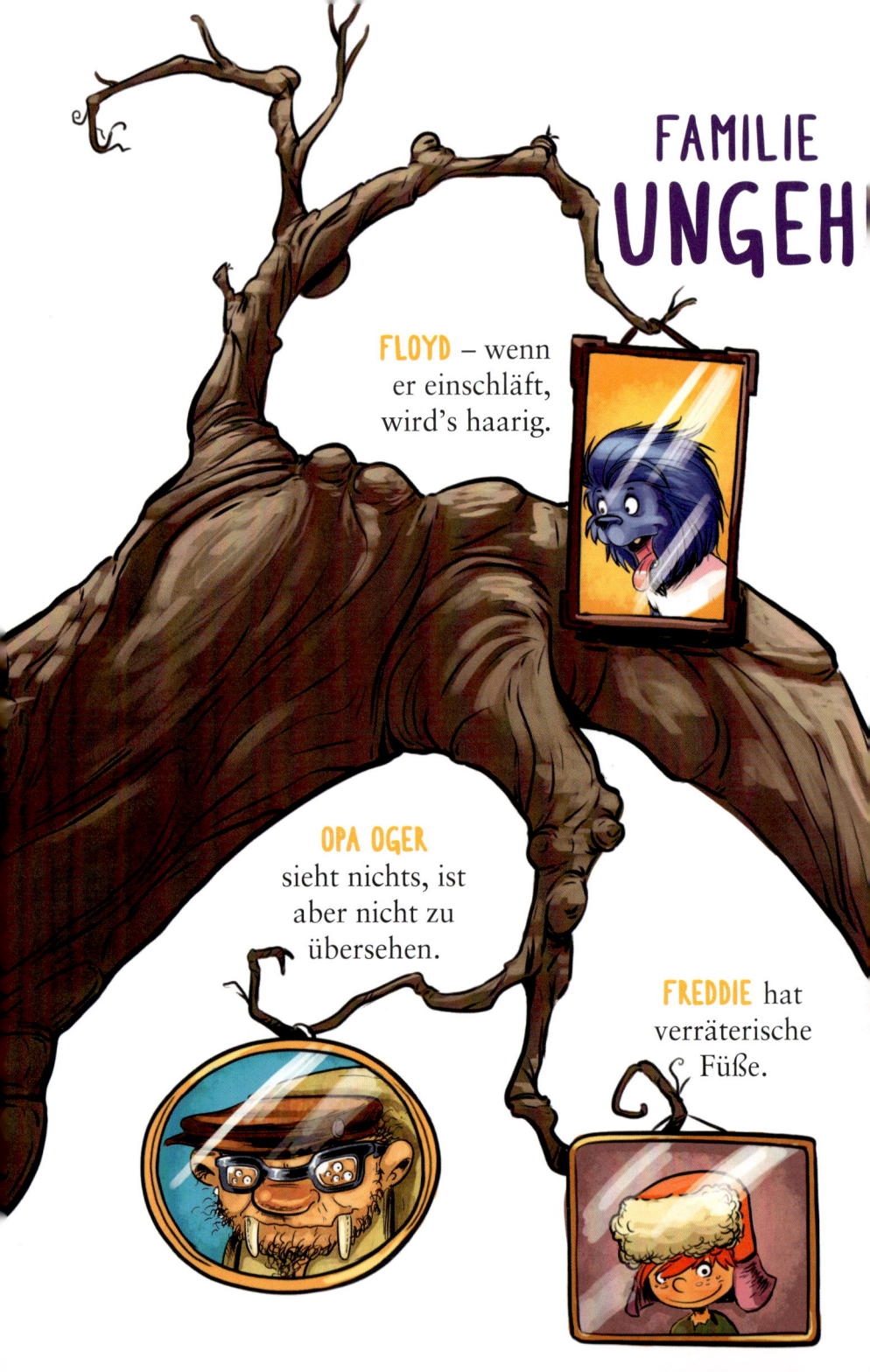

FAMILIE UNGEH

FLOYD – wenn er einschläft, wird's haarig.

OPA OGER sieht nichts, ist aber nicht zu übersehen.

FREDDIE hat verräterische Füße.

IERLICH

HERBERT hat als Mensch nichts zu lachen.

GISELA kämpft oft mit ihren Haaren.

HORST hat Angst, dass die Menschen ihn mit einem Bus überfahren.

Jochen Till

ROTZSCHLEIMTORTE FÜR ALLE!

Mit Bildern von Zapf

Inhalt

Das bin ich, Freddie

Hallo! Ich bin Freddie.
Ja, ich weiß: Ich sehe **komisch** aus.

Ich bin aus der Art geschlagen. Das sagt
mein Papa manchmal. Alle anderen in
meiner Familie sehen normal aus.

Meine Eltern, zum Beispiel. Oder mein
Bruder Floyd. Oder meine Schwester
Herbert. Selbst unsere **Pudelkatze**
Pinkel. Sie alle sehen aus wie ganz normale
Ungeheuer.

Nur ich nicht. Ich sehe aus wie ein
Mensch. Das ist ganz schön blöd.
Aber es hat auch Vorteile.

unser
alt
HAUS

Wir wohnen nämlich seit Kurzem in einer Menschenstadt. Wir mussten umziehen, weil unser altes Haus leider **explodiert** ist.

Floyd hat Gummibärchen gegessen.
Ungeheuer vertragen keine
Gummibärchen. Davon müssen
wir schrecklich viel **pupsen.**

Im Schlaf.
Aus der Nase.
Hochexplosives
Dynamitgas!

Und morgens ist es dann passiert, als Herbert ihren **Schweißbrenner** angeschaltet hat. Damit glättet sie immer ihre Brauen, weil sich sonst ständig dicke **Melonenkäfer** darin verfangen.

Das kann Herbert gar nicht leiden.
Obwohl Melonenkäfer sehr lecker sind,
besonders die dicken. Die explodieren
im Mund, wenn man **draufbeißt**.
So wie unser Haus.

Deswegen wohnen wir jetzt bei den
Menschen. Das dürfen die Menschen
aber nicht wissen, sagt mein Papa.
Menschen mögen nämlich keine
Ungeheuer.

Wir machen ihnen **Angst.** Warum das so ist, weiß ich nicht. Vor Ungeheuern muss man eigentlich keine Angst haben.

Außer vor Opa Oger vielleicht. Der ist nämlich taub und auf allen **sieben** Augen blind. Und darum tritt er immer auf meine Spielsachen. Oder auf mich. Das macht mir Angst. Weil seine Füße so fürchterlich stinken.

Aber sonst ist Opa Oger ganz lieb. Wie die meisten **Ungeheuer.** Vor uns muss man echt keine Angst haben. Noch nicht einmal nachts. Da schlafen wir nämlich tief und fest. Schlafen ist toll. Außer wenn man geweckt wird. So wie ich heute Morgen …

Lauter komische Sachen

Heute war mein erster Schultag in der **Menschenschule.** Warum ich da hinmuss, weiß ich eigentlich nicht.

Ich kann doch schon alles. Ich kann Purzelbäume. Zehn Stück nacheinander. Sogar bergauf. Ich kann auf die höchsten Bäume klettern. Sogar rückwärts. Ich kann sehr laut pfeifen. Aus beiden Ohren und aus der Nase – gleichzeitig. Und ich kann eine ganze **Rotzschleimtorte** auf einmal essen.

Und danach so kräftig **rülpsen,** dass
Opa Oger denkt, es wäre ein Erdbeben.

Das alles können wir Ungeheuerkinder
und noch viel mehr.

Nur lesen, schreiben und rechnen können
wir nicht. Das muss man aber in einer
Menschenstadt können.

Sonst wird man von einem Bus
überfahren, sagt mein Papa immer.
Und das soll sehr wehtun.

Bis heute Morgen wusste ich nicht mal,
was ein Bus ist. Dann bin ich mit einem
zur Schule gefahren.

Ein Bus sieht aus wie Onkel Bruno. Nur ohne Haare und mit Rädern. Und mit ganz vielen Kindern drin.

Die sind aber irgendwie **komisch,** diese Menschenkinder.

Sie haben sich alle
in den Bus gezwängt,
obwohl auf dem **Dach**
noch ganz viel Platz war.
In der Schule ging es dann
mit den komischen Sachen weiter.

Unsere Lehrerin heißt **Frau Böse,** dabei ist sie sehr lieb. In der ersten Stunde durften wir Bilder malen. Mit Buntstiften. Die mag ich sehr gerne. Vor allem die blauen. Die **schmecken** am allerbesten.

Die Menschen haben ihre Stifte aber gar nicht probiert. Nur einer hat ein bisschen an seinem gelben Stift **gelutscht.**
Das war der Lars, den mochte ich gleich.
Abgebissen hat er aber nicht. Vielleicht hatte er einfach keinen Hunger.

Dann habe ich ein Bild von Papa gemalt. Frau Böse hat gesagt, er sieht aus wie ein roter Weihnachtsbaum. Aber sie hat das Bild **verkehrt** herum gehalten.

33

Froschaugenkuchen in der Pause

Danach war Pause. Da gab es dann auch lauter komische Sachen. Das **Essen,** zum Beispiel. Meine Mama hat extra einen Froschaugenkuchen gebacken.

Aber keins von den Kindern wollte ein
Stück haben. Stattdessen wollten sie lieber
Brot essen. Oder Äpfel. **Igittigitt!**
Wie kann man nur einen Apfel essen?
Der schmeckt doch nach Obst.

Wenn wir Ungeheuer etwas überhaupt nicht mögen, dann ist das Obst. Davon kriegen wir nämlich sieben Tage lang **Schluckauf.**

Mit dem Trinken haben die Menschen
auch so ihre **Probleme.**
Manche benutzen zwar einen Strohhalm
wie wir Ungeheuer. Aber sie stecken ihn
in den Mund, nicht in die Nase.

Dabei ist das doch viel einfacher. Lars hat es ausprobiert. Aber er muss noch üben.

Er hat sich verschluckt und die ganze Milch ist wieder aus seiner Nase **gespritzt.**

Da mussten wir beide ganz laut lachen,
das war richtig lustig.

Dann haben ein paar Jungs auf dem Schulhof Fangen gespielt, aber die konnten das gar **nicht** richtig.

Wenn einer den anderen gefangen hat, hat er ihn nicht auf den nächsten Baum **geworfen** und dreiundfünfzigmal in die Hände geklatscht. Das gilt überhaupt nicht!

Zwei plus zwei = Rüdiger?

Nach der Pause hat Frau Böse gefragt, was zwei plus zwei ist. „Rüdiger!", habe ich ganz laut gerufen, weil das stimmt.

Rüdiger ist mein Cousin. Er hat **zwei** Köpfe vorne und zwei Köpfe hinten.

Aber das war wohl nicht die richtige Antwort. Eins weiß ich jetzt schon: Rechnen ist langweilig!

Schreiben macht aber **Spaß.** Da bin ich richtig gut. Frau Böse hat ein A an die Tafel geschrieben. Das konnte ich auch sofort, ganz oft sogar.

Aber da wusste ich noch nicht, dass
Menschen mit Stiften schreiben, auf Papier.
Mama hat mir die **Spraydose** also ganz
umsonst gekauft.

Dann war die Schule aus. Wir dürfen aber morgen wiederkommen. Darauf **freue** ich mich jetzt schon.

Diese Menschen sind zwar sehr seltsam, aber auch sehr lustig. Vor allem Lars. Morgen haben wir Sport. Im **Zähneknirschen** bin ich unschlagbar. Aber jetzt muss ich erst mal schlafen.

Das ist das einzig **Blöde** an der Schule:
Man muss so früh aufstehen. Das macht
überhaupt keinen Spaß. Findet Lars auch.
Wir fragen Frau Böse gleich morgen,
ob wir nicht **später** anfangen können.
Da freut sie sich bestimmt. Sie sah nämlich
sehr müde aus heute.

Gute Nacht!

Eine Woche später ...

Nach einer Woche in der Menschenschule weiß ich eins ganz sicher: Lars mag ich am liebsten von allen Menschen. Mit Lars kann man ganz viel **Quatsch** machen. So wie gestern, zum Beispiel.

Da haben wir nach Ungeheuerregeln Fußball gespielt. Mit sieben Bällen und einem **Feuerlöscher.** Aber das fand Frau Böse überhaupt nicht gut.

Dabei stand sie ganz klar im Abseits. Und das mit dem Feuerlöscher habe ich vorher genau erklärt. Lars hat also nichts falsch gemacht. Aber sein Papa musste für Frau Böse hinterher ein **neues Kleid** kaufen. Und eine **neue Frisur.**

Wir sind jetzt allerbeste Freunde, Lars
und ich. Gestern habe ich sogar bei ihm
übernachtet. Obwohl ich das zuerst
gar nicht durfte.

„Nein, du gehst da nicht hin", hat mein Papa gesagt. „Dann sehen die Menschen vielleicht deine Füße. Und wir müssen wieder umziehen."

Meine Füße. Sie sind das Einzige, was bei mir nach Ungeheuer aussieht.

Deswegen darf ich **nie meine Schuhe ausziehen,** wenn Menschen dabei sind.

„Ach, bitte, bitte, Papa!", habe ich **gebettelt.** „Ich habe mich schon so darauf gefreut!"

„Nein", hat mein Papa gesagt. „Das ist viel
zu **gefährlich.** Du bleibst hier."
„Jetzt lass den Jungen doch, Horst", hat
meine Mama geantwortet. „Er ist jeden Tag
mit Menschen zusammen. Er passt schon
auf. Nicht wahr, Freddie?"

„Ja", habe ich gesagt. „Ich ziehe meine Schuhe ganz bestimmt nicht aus. Und ich gehe auch nicht mehr ins **falsche Zimmer,** wenn ich mal muss."
Das ist mir in der Schule letzte Woche passiert.

Da wusste ich noch nicht, wie eine Menschentoilette aussieht. Und das Wort **SEKRETARIAT** konnte ich auch noch nicht lesen. Aber das passiert mir bestimmt nicht noch mal. Heute weiß ich genau, dass in einen Papierkorb nur Papier gehört.

„Na gut", hat mein Papa dann gemeint.
„Aber sei bloß **vorsichtig!** Wenn die
Menschen uns entdecken, überfahren sie
uns mit einem Bus!"

Käseseife und Pferdeapfelshampoo

Es hat eine Weile gedauert, bis ich das Haus von Lars gefunden habe. Die Häuser in seiner Straße sehen alle gleich aus. Und sie sind sehr klein. Wenn Opa Oger vor so einem Haus stehen würde, könnte er die Regenrinne **mit der Zunge** sauber machen.

An einem der Häuser stand **Löffel** auf dem Klingelschild. Das ist der Nachname von Lars. Die meisten Menschen haben sehr komische Nachnamen.

Unser Direktor in der Schule heißt
Herr Wurst. Als er zum ersten Mal
eine Durchsage gemacht hat, musste ich
zwei Stunden lang lachen. Wer heißt denn
schon wie etwas, womit man sich die
Ohren sauber macht?

Als ich bei Lars geklingelt habe, hat
sein Vater die Tür aufgemacht. Ich habe
ihn gleich erkannt. Er sieht aus wie Lars.
Nur größer. Und **runder.**

„Hallo", hat er gesagt. „Du musst Freddie sein. Komm rein. Aber zieh bitte vorher die **Schuhe aus.**"

Auweia!, habe ich da gedacht. Das geht ja gut los. Aber dann ist mir zum Glück gleich etwas eingefallen.

„Lieber nicht", habe ich gesagt.

„Meine Füße stinken ganz schlimm.
Ich habe sie seit drei Wochen
nicht gewaschen."
Das war natürlich geflunkert.

Ich hatte sie vor zwei Wochen
erst gewaschen. Mit Käseseife und
Pferdeapfelshampoo.
Wie sich das gehört. Aber das wusste
Herr Löffel ja nicht.
„Äh … ja", hat er gesagt und **komisch
geguckt.** „Dann lieber nicht."

Drinnen habe ich dann Frau Löffel kennengelernt. Sie hat eine ähnliche Frisur wie unsere **Pudelkatze Pinkel.** Nur nicht so schön.

Lars war auch da. Ich habe ihm zur Begrüßung mit der Faust auf den Kopf gehauen. Und er mir auch. Das machen wir immer so. Das bedeutet, dass wir ganz **dicke Freunde** sind.

„Wir essen in einer halben Stunde", hat
Frau Löffel gesagt. „Lars kann dir ja
solange schon mal sein Zimmer zeigen."

Karottenhammer

Das Zimmer von Lars ist toll. Er hat darin ganz viel Platz und besitzt einen eigenen Schreibtisch! Und einen Fernseher!! Und einen **Computer!!!**

Wir haben auch einen Computer. Aber
nicht immer. Opa Oger verwechselt ihn
manchmal mit einem **Bonbon.**
Dann müssen wir immer warten, bis er
den Computer wieder ausspuckt.

Lars hat mir seine Aufkleber gezeigt.
Er sammelt Aufkleber. Warum, weiß ich
auch nicht. Ich habe **ein paar davon
probiert.** Sie kleben zwar gut,
schmecken aber nicht. Davon habe ich
Hunger gekriegt. Aber es gab ja dann zum
Glück Abendessen.

Wir haben zu viert an einem großen Tisch gesessen. Frau Löffel hat einen Teller vor mir auf den Tisch gestellt. Da habe ich einen Riesenschreck gekriegt. Auf dem Teller lagen **Karotten!**

Diese fiesen **Biester!** Die Menschen
wissen wohl nicht, dass Karotten beißen.
Mich hat mal eine in die Nase gebissen.
Das hat sehr wehgetan!

Zum Glück stand eine Flasche Limonade auf dem Tisch. Damit habe ich auf die Karotten gehauen. So lange, bis sie sich **nicht mehr bewegt** haben.

„Los, jetzt du!", habe ich zu Lars gesagt
und ihm die Flasche gegeben.
Aber Herr Löffel hat ihm die Flasche
abgenommen. Und Frau Löffel hat mich
sehr komisch angeguckt.

„Machst du das zu Hause auch?“, hat sie mich gefragt.

„Nein“, habe ich gesagt. „Zu Hause haben wir dafür einen **Karottenhammer.** Das geht viel schneller.“

Da hat Lars gelacht. Seine Eltern nicht.
Und ich habe die Karotten gegessen. Wenn
sie nicht mehr beißen können, schmecken
sie **sehr lecker.**

Zum Nachtisch gab es etwas, das hieß
Wackelpudding. Das sah genauso aus wie
Gudrun, unser **Glibber-Hamster.**
Nur ohne Augen und Stoßzähne.

Ungeheuer-
ärgere-dich-nicht

Nach dem Essen haben wir ein Spiel mit dem lustigen Namen „Mensch-ärgere-dich-nicht" gespielt. Ich kannte das Spiel nicht. Es war aber **ganz einfach.**

Da muss man nur würfeln und kleine Holzfiguren nach vorne schieben. Das hat voll Spaß gemacht. Bis Herr Löffel eine meiner Figuren mit einer seiner Figuren **weggeschubst** hat.
Obwohl meine zuerst da gestanden hat. Und dann sollte ich auch noch wieder von vorne anfangen.

Das war so was von **unfair!** Und deswegen habe ich mich ganz schön geärgert, das durfte ich auch. Das war nicht gegen die Regeln. Das Spiel hieß ja nicht „Ungeheuer-ärgere-dich-nicht".

Also habe ich mir alle vier Figuren von Herrn Löffel geschnappt und sie **runtergeschluckt.** Und den Würfel gleich hinterher. Dann war das Spiel zu Ende. Ob ich gewonnen habe, weiß ich bis heute nicht.

Danach sind wir zum Fernsehschauen ins Wohnzimmer gegangen. Das **Sofa** von Lars Eltern war leider ganz kalt und ungemütlich. Wenn wir zu Hause fernsehen, sitzen wir immer auf Opa Oger. Das ist schön weich und kuschelig warm.

Wir haben einen Film über Pinguine gesehen. Die sahen alle gleich aus. Nicht wie bei uns. Unsere **Pinguine** sind gelb oder rot oder blau oder grün. Und sie können fliegen statt schwimmen.

Der Film war trotzdem lustig. Lars und ich haben ihn hinterher nachgespielt. Bis ich mich zu fest **auf das Ei** gesetzt habe.

Das fand Frau Löffel nicht so toll. Dabei waren da noch ganz viele Eier im Kühlschrank. Und dann mussten wir ins Bett.

Ein super Plan!

Normalerweise schlafe ich ja nicht in einem Bett, sondern ich hänge mich immer mit den Füßen an meiner **Schlafstange** auf. Aber das konnte ich bei Lars natürlich nicht machen.

Sonst hätte er gesehen, dass ich ein Ungeheuer bin. Also musste ich in seinem Bett schlafen.

„Du kannst aber nicht mit den Schuhen ins Bett", hat Lars gesagt. „Du musst sie **ausziehen.** Sonst schimpft meine Mama."

Auweia!, habe ich da gedacht. Jetzt kommt doch noch raus, dass ich ein Ungeheuer bin. Aber dann hatte ich zum Glück wieder eine **Idee.**

„Klar ziehe ich meine Schuhe aus“, habe
ich gesagt. „Was hast du denn gedacht?
Ich muss nur noch **kurz ins Bad.**“

Dann bin ich schnell ins Bad gehuscht, um
meine Füße mit Klopapier einzuwickeln.
Und dann wollte ich zu Lars sagen, dass ich
ganz schlimm ansteckenden
Fußpilz habe. Und dass
der Doktor deswegen meine
Füße eingewickelt hat.

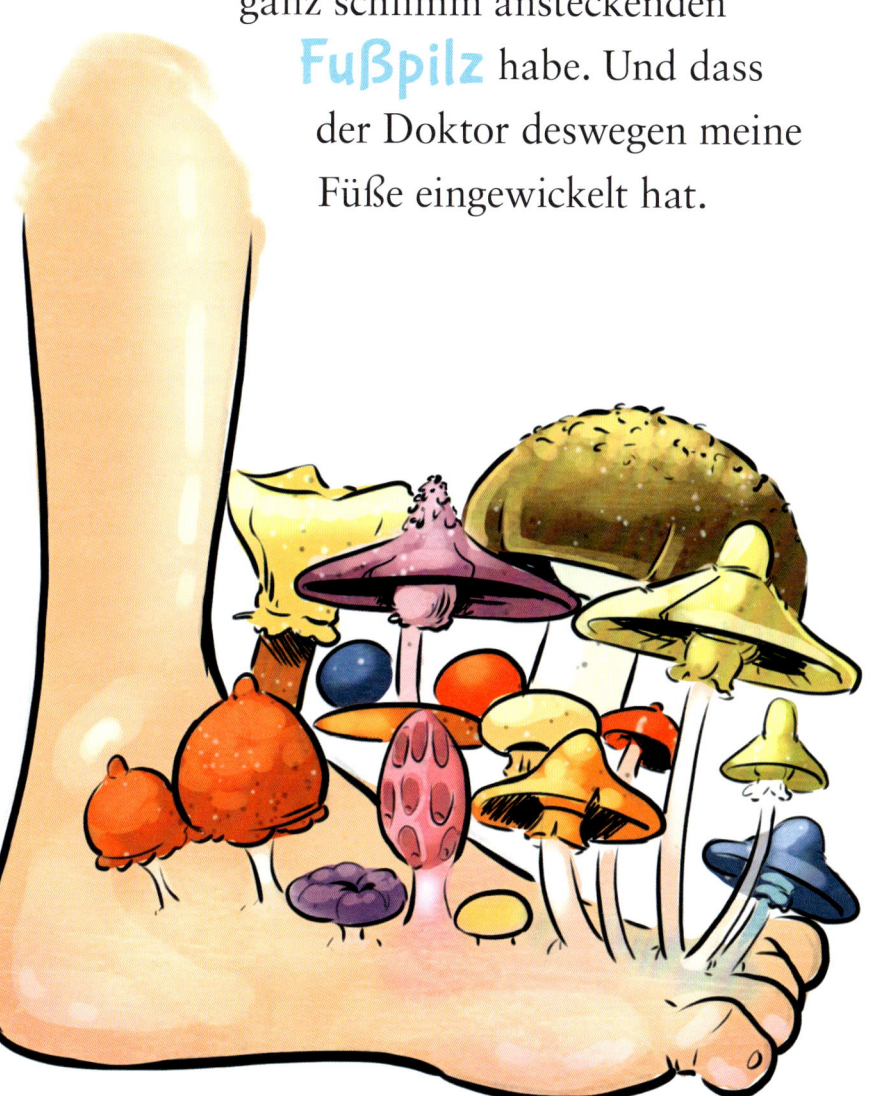

Ein super Plan! Aber gerade als ich mit dem Einwickeln anfangen wollte, kam Lars ins Badezimmer. Und er hat meine Füße gesehen. Und ganz große Augen gekriegt.

„Warte!", hat er gesagt und ist aus dem Bad gerannt.

Auweia!, habe ich schon wieder gedacht. Er erzählt seinen Eltern, dass ich ein Ungeheuer bin. Und dann kommen sie und überfahren mich mit einem Bus …

Lars kam zurück und hat mich angegrinst.
Und dann hat er auf seine Füße gezeigt. Die
sahen plötzlich fast genauso aus wie meine.
„Cool, oder?", hat Lars gesagt. „Wir haben
dieselben **Hausschuhe!** Das bedeutet,
wir sind noch dickere Freunde!"

Oh, Mann. Hausschuhe, die wie Ungeheuerfüße aussehen. Diese Menschen sind aber auch echt komisch!

„Ja!", habe ich gesagt. „Die dicksten Freunde der Welt!"

Und dann haben wir uns mit den Fäusten **auf den Kopf gehauen.**

Als wir im Bett lagen, kam Frau Löffel und hat uns eine Geschichte vorgelesen. Die war so **langweilig,** dass wir fast eingeschlafen sind. Sind wir aber nicht.

Wir sind noch ganz lange **heimlich wach** geblieben. Das machen dickste Freunde nämlich. Egal ob Mensch oder Ungeheuer. Und nächste Woche übernachte ich wieder bei Lars. Da freue ich mich jetzt schon drauf. Dann nehme ich aber meinen Karottenhammer mit!

Jochen Till

EIN HALBES NILPFERD, BITTE!

Mit Bildern von Zapf

Inhalt

Freddie muss einkaufen

Hallo, ich bin Freddie. Auch wenn ich nicht so aussehe: Ich bin ein Ungeheuer. Alle in meiner Familie sind Ungeheuer. Und sie sehen auch so aus. Ich bin der Einzige, der aussieht wie ein Mensch. Bis auf meine Füße. Die sehen aus wie richtige **Ungeheuerfüße.** Und sie riechen auch so.

Seit wir in der Menschenstadt wohnen, verstecke ich sie lieber. Wir mussten umziehen, weil unser Haus **explodiert** ist. Daran war mein großer Bruder Floyd schuld. Und meine Schwester Herbert. Und **Gummibärchen.** Darum darf ich auch keine Gummibärchen aus dem Supermarkt mitbringen, wenn ich einkaufen gehe.

Ich muss immer einkaufen gehen. Weil ich eben als Einziger aussehe wie ein Mensch. Aber das ist gar nicht so einfach mit dem Einkaufen. In einem Menschensupermarkt gibt es unendlich viele Sachen, das **verwirrt** mich. Dann bringe ich manchmal etwas mit, was wir gar nicht brauchen.

So wie gestern zum Beispiel. Da gab es so kleine Becher, auf denen stand, es wären **Zwerge** drin. Als ich das gelesen habe, bin ich erst mal vor Freude laut jubelnd bis an die Decke gehüpft. Die anderen Leute im Supermarkt haben ganz komisch geguckt. Ich glaube, Menschen hüpfen nicht an die Decke, wenn sie sich über etwas freuen. Das finde ich **sehr schade** für die Menschen.

Aber egal, jedenfalls habe ich mich total gefreut, dass es im Supermarkt Zwerge gibt. Die mögen nämlich alle aus meiner Familie sehr gern.

Zwerge gab es bei uns früher immer abends beim Fernsehen zum Knabbern. Die sehen aus wie richtige Zwerge, sind aber kleiner. Sie sind aus geröstetem Teer und mit **giftgrünem Nagellack** überzogen, leckerer geht's echt nicht! Wenn man einmal damit angefangen hat, kann man nicht mehr aufhören. Deswegen gibt es sie bei uns auch nur in 50-Kilo-Eimern zu kaufen.

Von daher habe ich mich gewundert, dass die Menschen sie in so kleinen Bechern verkaufen. Da passen ja höchstens zwei Zwerge rein, habe ich geschätzt. Darum habe ich **alle** genommen, die im Regal standen.

Das waren dreißig Becher, also viel zu
wenig. Papa allein kriegt ja **dreiund-
fünfzig** Zwerge auf einmal in den Mund.
Und selbst ich schaffe schon achtzehn.
Die hätten nie für die ganze Familie gereicht
und es hätte nur **Streit** gegeben.

Zwerge mit Käse

Darum habe ich einen Mann in einer Supermarkt-Uniform angesprochen. Er hieß **Marktleiter,** das stand auf einem kleinen Schild, das vorne an seiner Uniform befestigt war. Sein Nachname stand nicht auf dem Schild.

„Hallo, Marktleiter", habe ich zu ihm gesagt. „Habt ihr vielleicht irgendwo noch mehr von diesen Zwergen?"

„Aber du hast doch schon dreißig Stück", hat er geantwortet. „Selbst wenn du jeden Tag zwei isst – die sind nur **zehn Tage haltbar.**"

Was für ein Blödsinn, habe ich gedacht.
Ich könnte hundert von diesen Zwergen-
bechern locker zwanzig Tage lang halten,
mit **einer Hand** sogar.
„Ich esse aber jeden Tag zwanzig",
habe ich dann gesagt. „Mindestens."
„Zwanzig Stück?", hat sich Marktleiter
gewundert. „Wird dir davon nicht
schlecht?"
„Nur, wenn Mama sie
mit Käse überbackt."

Das hat sie einmal gemacht, weil sie es in einem Kochbuch gelesen hatte. Das war auch superlecker, aber der Käse war **nicht schimmelig genug,** deswegen ist uns allen schlecht geworden.

„Deine Mutter überbackt die Dinger mit Käse?", hat Marktleiter mit großen Augen gefragt.

„Nein, jetzt nicht mehr. Deswegen brauche ich ja so viele. Hast du denn noch welche? Ich nehme alle, die du hast."

„Da muss ich mal im Lager gucken",
hat Markleiter gesagt.
Das hat er dann auch gemacht. Und im
Lager waren noch **über hundert**
Stück. Die habe ich alle gekauft.

Als ich nach Hause gekommen bin, haben sich alle riesig über die Zwerge gefreut – bis Papa den ersten Becher aufgemacht hat. „Da ist gar kein Zwerg drin", hat er enttäuscht gesagt. „Nur so eine **glibberige Pampe.**"

„Bei mir auch", hat Floyd gemeint. Bei Herbert und mir war auch nur diese Pampe in den Bechern. Ob bei Opa Oger Zwerge drin waren, konnte man nicht sehen, weil er den Becher einfach **runtergeschluckt** hat, ohne ihn zu öffnen.

„Vielleicht sind die Zwerge ja in der Pampe?", hat Mama gesagt. „Es soll jetzt welche geben, die in vier Jahre alte **Knoblauch-Sahnepampe** eingelegt wurden, habe ich gehört."

Papa hat seinen Finger in den Becher gesteckt und gerührt.

„Nichts drin", hat er gesagt.

Als er seinen Finger danach abgeschleckt
hat, sah sein Gesicht so aus, als hätte
Opa Oger gerade gepupst.
„Igittigitt!", hat Papa gesagt. „Das ist ja
widerlich. Das schmeckt **total süß.** Und
nach Obst."

Dann hat Mama das Zeug auch probiert. „Iiiih-Bäh!", hat sie gesagt. „Das schmeckt ja wirklich eklig. Das Zeug kann man sich höchstens **in die Haare schmieren.**" Das hat sie dann auch gemacht. Und ihre Haare fanden es total lecker.

Mama war aber trotzdem sauer und hat mit mir geschimpft: „Immer kaufst du so einen Mist ein. So wie letzte Woche, als du **diese Dosen** mitgebracht hast, auf denen Feuertopf stand. Alle fünfundzwanzig habe ich aufgemacht, aber keine einzige hat gebrannt."

„Ich kann doch nichts dafür, dass die Menschen **falsche Sachen** auf ihr Essen schreiben!", habe ich geantwortet. „Aber du bringst ja nicht das mit, was du mitbringen sollst", hat Mama weiter geschimpft. „Ich habe dir ausdrücklich gesagt, wir brauchen Brot. Hast du Brot mitgebracht?"

Da habe ich schuldbewusst den Kopf geschüttelt. Das **blöde Brot** habe ich vergessen, weil ich mich so sehr über die Zwerge gefreut hatte.

„Du weißt doch ganz genau, dass es immer ein paar Tage dauert, bis das **Menschen-brot** hart genug zum Essen ist. Und Essig hast du auch vergessen. Was sollen wir denn jetzt morgen zum Frühstück trinken?"

„Tut mir leid“, habe ich gesagt. „Ich kann ja noch mal gehen.“

„Das ist eine sehr gute Idee“, hat Mama gesagt. „Aber diesmal komme ich mit!“

Weil wir das für einen **Witz** gehalten haben, mussten wir ganz laut lachen. Außer Papa, der war eher besorgt.

„Du kannst nicht raus, Gisela", hat er gesagt. „Wenn die Menschen dich sehen, wissen sie sofort, dass wir Ungeheuer sind. Und dann werden wir alle von einem Bus überfahren." Das mit dem Bus sagt Papa immer. Warum, weiß ich auch nicht. Ich fahre jeden Morgen mit einem Bus in die Schule und der macht immer einen **sehr friedlichen** Eindruck.

Haare und Holzhammer

Aber Papa hatte schon recht. Mama war bis dahin **noch nie** draußen bei den Menschen gewesen. Und sie würde sofort auffallen.

Ich habe mittlerweile schon sehr viele Menschen gesehen, aber eine Menschenfrau mit grüner Haut, **lebendigen Haaren** und Tentakeln anstelle von Beinen ist mir noch nicht begegnet.

„Dann muss ich mich eben tarnen", hat Mama gesagt. „Das kann doch nicht so schwer sein. Ich habe ein ganz langes Kleid, darunter sieht man meine Tentakel nicht. Und meine Haare kann ich mit einem **großen Tuch** einwickeln, das machen manche Menschen auch."

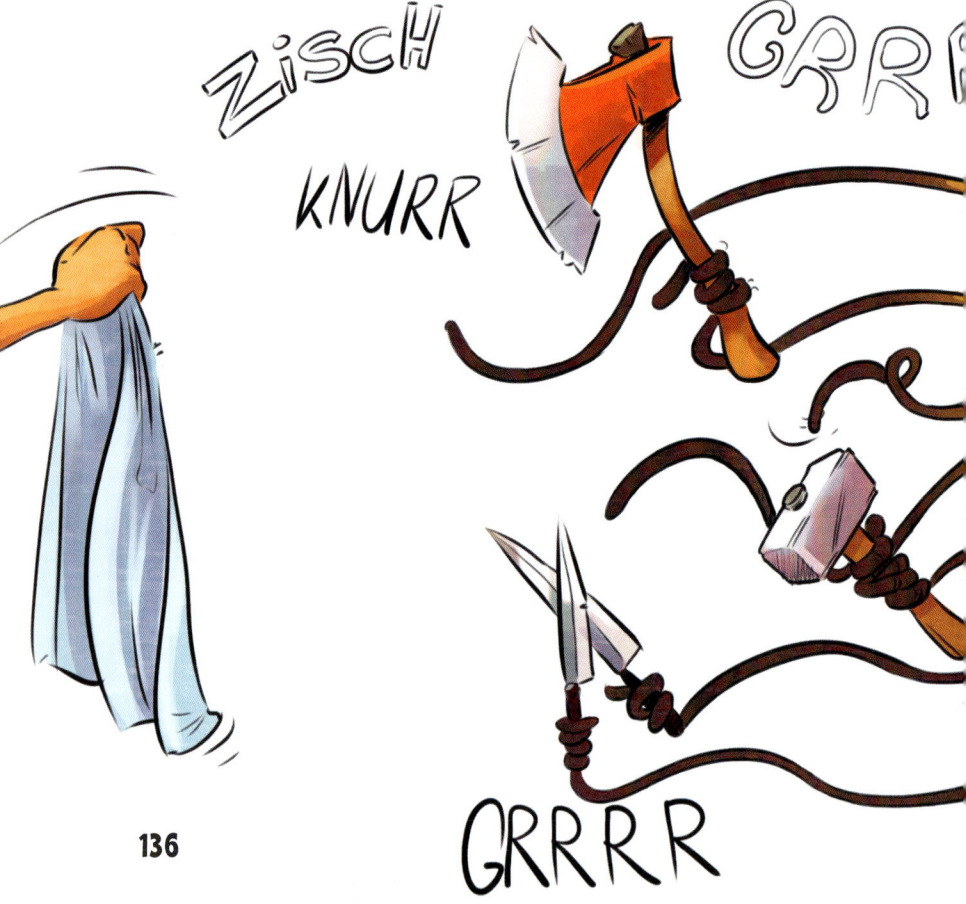

Mamas Haare fingen laut zu zischen und wild zu zappeln an. Sie können es nämlich gar nicht leiden, wenn sie eingewickelt werden.

„Floyd", hat Mama ganz leise gesagt.
„Hol schon mal den großen Holzhammer.
Wir müssen sie vorher **betäuben**."
Floyd ist losgeflitzt, um den Hammer
zu holen.

„Und was ist mit deinem Gesicht, Gisela?",
wollte Papa wissen. „Willst du das auch
einwickeln?"

„Ich weiß was Besseres!", hat Herbert
gesagt. „Die Menschenfrauen schmieren
sich immer so ein **Zeug**
ins Gesicht, wenn
sie sich nicht schön
finden. Das heißt
Schminke und hat
die Farbe von
Menschen-
haut.

Manche Mädchen in meiner Klasse machen
das auch. Isabella hat mir mal so etwas
geschenkt. Ich hab's probiert, es schmeckt
total langweilig. Ich glaube, ich habe
das Zeug noch. Soll ich es holen?"

Herbert hat die Schminke geholt und wir haben Mamas Gesicht damit eingeschmiert. Und ihre Hände und Arme auch. Das hat Spaß gemacht und Mama sah danach sehr lustig aus, **fast wie ein Mensch.** Dann hat sie ihr langes Kleid angezogen und Herbert hat ihr ein paarmal mit dem Holzhammer auf den Kopf gehauen, bis alle Haare ohnmächtig waren. Mit dem roten Tuch um den Kopf hat Mama dann noch lustiger ausgesehen. Aber sie war zufrieden.

„So, jetzt sehe ich genauso aus wie eine Menschenfrau", hat sie gesagt. „Also kann ich auch einkaufen gehen."

„Ich weiß nicht", hat Papa gesagt. „Ich finde das immer noch **viel zu gefährlich.** Vielleicht ist es besser, wenn ich mitkomme. Ist noch etwas von diesem Schminkzeug übrig?"

Da mussten wir alle **ganz laut lachen.**
Um Papa als Mensch zu tarnen, würde
ein bisschen Schminke nie ausreichen.
Er könnte das Haus nicht einmal verlassen,
wenn man ihn von oben bis unten mit
dem Zeug einschmieren und in
Geschenkpapier verpacken würde.

„Nein, Schatz", hat Mama dann gesagt. „Du bleibst besser hier. Aber Floyd und Herbert können ja mitkommen, wenn dich das beruhigt."

„Och, muss das sein?", hat Herbert gestöhnt. „Ich wollte eigentlich noch mit Isabella telefonieren. Und Mensch zu sein ist **so schwierig** für mich."

Nicht lachen!

Das war natürlich übertrieben. So schwierig ist es für Herbert gar nicht, sich in einen Menschen zu verwandeln. Sie macht das schließlich jeden Morgen vor der Schule. Dafür muss sie nur die **Pobacken** ganz fest **zusammenkneifen** und sich konzentrieren. Dann dauert es einen Moment und sie verwandelt sich in ein Menschenmädchen. Das sieht sehr witzig aus. Dann ist sie zwischendurch auf einer Seite groß und auf der anderen klein.

Schwierig daran ist höchstens, dass sie nicht lachen darf, wenn sie ein Mensch ist. Wenn sie länger als ein paar Sekunden **lacht,** morpht sie nämlich zum Ungeheuer zurück.

Das kann Floyd zwar nicht passieren,
aber dafür ist es für ihn wirklich schwierig,
sich in einen Menschen zu verwandeln.

Er muss sich morgens vor der Schule von Mama erst mal den Rücken mähen lassen. Herbert und ich helfen ihm beim Rest seines Fells und bei den Krallen. Dafür müssen wir jeden Morgen um **fünf Uhr** aufstehen.

Und wir müssen höllisch aufpassen, dass er nicht noch mal einschläft, kurz bevor wir fertig sind. Sobald er einschläft, wachsen seine Haare nämlich sofort nach und wir müssen noch mal von vorne anfangen.

Aber das ist bis jetzt nur einmal passiert.

Seitdem lassen wir Opa Oger jeden Morgen **Trompete spielen,** dabei schläft niemand ein. Außer Opa.

Weil gestern ein **Schultag** war, musste Floyd sich aber nicht extra in einen Menschen verwandeln. Also sind wir zu viert zum Supermarkt gegangen. Eigentlich braucht man bis zum Supermarkt nur fünf Minuten zu Fuß.

Wir haben aber fast eine halbe Stunde gebraucht. Weil Mama ganz oft geglaubt hat, sie sähe jemanden, den sie kennt. Zuerst hat sie eine Ampel zur Begrüßung **umarmt,** weil die Ampel aussah wie ihre beste Freundin Zumbula.

Danach hat sie sich darüber aufgeregt, dass Herr Großklotz, unser alter Nachbar, sie nicht gegrüßt hat. Dabei war das gar nicht Herr Großklotz, sondern ein Glascontainer.

Und dass Menschenbäume **nicht singen,** wenn man sie auf die Wurzel küsst, hat sie auch erst nach dem siebten Baum kapiert.

Zement ins Backpulver

Irgendwann sind wir dann aber doch am Supermarkt angekommen. Floyd hat vorgeschlagen, dass wir einen dieser **fahrbaren Käfige** nehmen, die vor jedem Supermarkt stehen. Die sehen aus wie große Vogelkäfige.

Aber für Vögel sind sie nicht zu gebrauchen, weil sie **oben offen** sind und die Vögel rausfliegen können. Deswegen benutzen die Menschen sie zum Einkaufen, weil die Sachen aus dem Supermarkt ja nicht fliegen können.

Die Käfige sind anscheinend **sehr wertvoll,** denn sie waren alle angekettet. Mama hat aber die Kette durchgebissen, dann ging es.

Mama hat ganz große Augen gekriegt, als sie die vielen Regale mit den ganzen Sachen im Supermarkt gesehen hat. Herbert hat Mamas Augen aber schnell **wieder reingedrückt,** das hat niemand gesehen.

Als Erstes habe ich Mama gezeigt, wo es Brot gibt. Das liegt im Supermarkt hinter einer Glastheke, damit man es sehen, aber nicht anfassen kann. Das darf nämlich nur die Frau, die hinter der Glastheke **wohnt**.

„Guten Tag", hat Mama zu der Frau gesagt. „Wie groß ist das **größte Brot,** das es hier gibt?"

„Unser größtes Brot ist das Drei-Kilo-Brot", hat die Frau geantwortet und auf ein Brot gezeigt.

„Das ist ja **winzig.** Gibt es kein Dreißig-
Kilo-Brot?"

„Äh … nein", hat die Brotfrau gesagt und
Mama sehr komisch angeguckt. „Das kann
doch kein Mensch essen."

„Das liegt nur daran, dass es so weich ist",
hat Mama geantwortet. „Sie müssen es
härter backen, dann essen die Leute auch
mehr Brot. Ein kleiner Tipp: Eine **Prise
Zement** ins Backpulver mischen, das
wirkt Wunder."

Da hat die Brotfrau noch komischer
geguckt.

„Ich hätte dann gern alle Drei-Kilo-Brote,
die Sie haben", hat Mama gesagt. „Und
die anderen auch."

„Sie wollen alle Brote, die ich habe?",
hat die Brotfrau staunend gefragt.

„Ja, bitte. Sie müssen sie auch nicht
einpacken, wir haben einen Käfig."
Und der war dann voll, der Käfig.
Deswegen hat Floyd **noch einen** geholt.

Aufgewacht!

Danach sind wir zur Fleischtheke gegangen. Die ist auch aus Glas und da wohnt ein Mann, der Metzger heißt. Alle Menschen, die Fleisch verkaufen, heißen Metzger. Das weiß ich von **Lars.** Das ist mein bester Freund. Wir sind in derselben Klasse. Er ist ein Mensch, also kennt er sich mit so was aus.

„Guten Tag", hat Mama zu Metzger gesagt.
„Ich möchte bitte ein halbes Nilpferd. Wenn
möglich die hintere Hälfte, die ist immer so
schön zäh."

Metzger hat zwar geguckt wie ein Nilpferd,
zu kaufen gab es aber keins.

„Wir haben nur Rind, Schwein und
Geflügel", hat er gesagt.

„Dann hätte ich gern ein **Rindschwein.**
Oder besser gleich fünf, die sind ja nicht
so groß."

„Es gibt nur das, was Sie hier sehen."

„Gut, dann nehme ich eben das", hat
Mama gesagt.

„Was genau?", wollte Metzger wissen.

„Na, alles, was ich hier sehe", hat Mama
erwidert. „Sie müssen es nicht einpacken,
wir haben einen Käfig."

Und dann war der zweite Käfig **auch**
voll. Aber Herbert hat noch einen geholt,
weil wir ja noch mehr einkaufen wollten.
„Essig!", hat Mama gerufen. „Wir brauchen
noch Essig."

Als wir vor dem Regal mit dem Essig standen, sind plötzlich zwei von Mamas Haaren aufgewacht. Sie haben sich aus dem Kopftuch geschlängelt und **laut gezischt.** Mama hat ganz schnell eine Flasche Essig genommen und sich damit so lange auf den Kopf gehauen, bis die Haare wieder ohnmächtig waren.

Dann hat sie beide wieder unter das Tuch gefummelt.

„Wir müssen uns ein bisschen beeilen", hat sie geflüstert. „Wahrscheinlich wachen bald alle auf."

Dann haben wir ganz schnell alle Essigflaschen in den Käfig gepackt. Das waren leider nur vierzehn Stück, also **viel zu wenig.**

Aber in einem anderen Regal haben wir noch Essigreiniger entdeckt, der schmeckt auch ganz gut, also haben wir davon noch achtzehn Flaschen mitgenommen.

Und zweihundert Rollen Klopapier für
unsere **verfressene** Toilette, damit sie
uns nicht so oft beißt. Die haben leider
nicht mehr in unsere Käfige gepasst, also
hat Floyd sie getragen.

Das Beste am Einkaufen

Danach sind wir mit den drei Käfigen und dem Klopapier an die Kasse gegangen. Mama wollte sofort auf das kleine **Laufband** steigen, aber ich habe ihr schnell erklärt, dass man nur die Sachen darauflegen darf. Das haben wir dann auch gemacht.

Eine halbe Stunde später hat die Frau hinter der Kasse auf einen **Knopf gedrückt** und gesagt, wie viel wir bezahlen müssen. Mama hat ihr das Geld gegeben, während ich schnell den langen Zettel gegessen habe, auf dem alles draufsteht, was man eingekauft hat.

Die sind immer so lecker, das ist **das Beste** am ganzen Einkaufen!

„Sammeln Sie **Treuepunkte?**", hat
die Frau hinter der Kasse dann Mama
noch gefragt.

„Sehr gern", hat Mama geantwortet.

„Wie viele kriege ich denn? Ich bin seit **einhundertvierzehn** Jahren verheiratet und war immer treu."

Da hat die Frau hinter der Kasse angefangen zu lachen. Und sie hatte eine sehr lustige Lache.

So lustig, dass Herbert kichern musste. Und wenn Herbert erst mal kichert, ist die Gefahr groß, dass sie lachen muss und anfängt zu **morphen.**

Deswegen sind wir **schnell** zum Ausgang gegangen. Aber dann kam plötzlich Marktleiter angerannt.

„Halt! Stopp!", hat er gesagt und sich Mama in den Weg gestellt. „Ich würde gerne sehen, was Sie darunter **versteckt** haben."
Er hat auf Mamas Kopftuch gezeigt.

„Gar nichts habe ich darunter versteckt", hat Mama gesagt.

„Leugnen ist zwecklos. Ich habe genau beobachtet, wie Sie etwas da reingestopft haben."

„Ach so. Das waren nur meine Haare. Sie sind heute etwas **widerspenstig.**"

„Das sah aber nicht aus wie Haare. Ich kann auch die Polizei rufen."

„Meine Haare haben keine Angst vor der Polizei", hat Mama gesagt. „Da müssten Sie schon einen Frisör rufen."

Und dann ist es passiert. Herbert konnte sich **nicht mehr beherrschen** und hat laut losgelacht. Nach drei Sekunden ist ihr linker Arm auf Normalgröße angeschwollen. Und Marktleiter ist vor Schreck in **Ohnmacht** gefallen. Außer ihm hat es aber zum Glück niemand gesehen, also sind wir schnell abgehauen.

Papa war **stinksauer,** als wir ihm erzählt haben, was passiert ist. Aber nach einer Tasse heißem Essigreiniger hat er sich wieder beruhigt.

In Zukunft muss ich aber wieder alleine
einkaufen gehen.
Mama meint, das sei nicht gut für
ihre Haare. Ich müsse mir dann einen
neuen Supermarkt suchen,
hat Papa gesagt.

Das ist aber nicht schlimm, ich habe gleich
um die Ecke schon einen entdeckt. Ich gehe
gleich morgen mal hin.

Vielleicht gibt es dort ja richtige Zwerge, das wäre **toll.**
Die Käfige haben wir übrigens mit nach Hause genommen, die benutzt Opa Oger jetzt als Rollschuhe.

Jochen Till wurde 1966 in der Menschenwelt geboren. Sein erster Kontakt zur Familie Ungeheuerlich fand im Juni 1988 statt, als er Papa Ungeheuerlich vor einem anbrausenden Bus rettete. Seitdem verbringt der Autor jeden Sonntag bei den Ungeheuerlichs, verputzt eine halbe Rotzschleimtorte und lässt sich dabei ungeheuerlich witzige Geschichten erzählen, die er jetzt aufgeschrieben hat.

Zapf, angeblich 1980 in Berlin geboren (in Wirklichkeit 835 Jahre alt), trieb sich schon als Kind gerne auf Flohmärkten, in Ruinen und Abwasserkanälen herum. Schließlich zog er mit einem Zirkus durch die Welt. Dort lernte er Ungeheuer kennen, die ihm beibrachten, welche Buntstifte am besten schmecken. Seit sechs Jahren ist er wieder zurück und damit beschäftigt, das Erlebte in Bilder zu fassen.

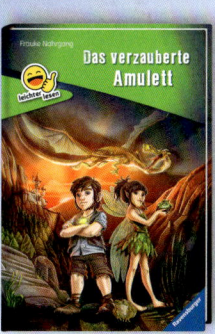

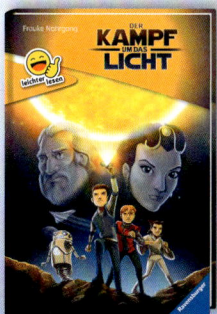
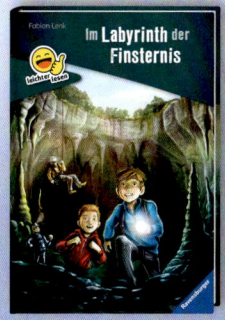